DE

LA COLONISATION

EN ALGÉRIE,

ET

DES FORTIFICATIONS

PROPRES A GARANTIR LES COLONS DES INVASIONS

DES TRIBUS AFRICAINES ;

Par LE GÉNÉRAL **ROGNIAT**.

PARIS,

GAULTIER-LAGUIONIE, IMPRIMEUR,

Libraire du prince Royal pour l'Art militaire,

RUE ET PASSAGE DAUPHINE, 36.

—

1840.

DE

LA COLONISATION

EN ALGÉRIE.

Imprimerie de Cosse et G.-Laguionie,
rue Christine, 2.

DE

LA COLONISATION

EN ALGÉRIE,

ET DES FORTIFICATIONS

PROPRES A GARANTIR LES COLONS DES INVASIONS DES TRIBUS AFRICAINES,

PAR LE GÉNÉRAL **ROGNIAT**.

PARIS,

GAULTIER-LAGUIONIE, IMPRIMEUR,

Libraire du prince Royal pour l'Art militaire,

RUE ET PASSAGE DAUPHINE, 36.

1840.

DE LA
COLONISATION EN ALGÉRIE.

Dans un discours que je prononçai, il y a deux ans et demi, à la Chambre des Pairs, j'insistais sur l'utilité de coloniser le territoire d'Alger; je montrais, en invoquant l'expérience, l'insuffisance des moyens défensifs employés pour garantir les colons des déprédations des Arabes, et je proposais un moyen qui me paraissait devoir atteindre ce but. Mais vouloir fixer l'attention publique sur un petit territoire, pour y suivre avec constance et persévérance une œuvre laborieuse, lente et restreinte lorsqu'il s'agissait de courir se venger d'un affront reçu devant Constantine, lorsque les imaginations françaises étendaient leur vol sur la régence entière, lorsque des rêves d'ambition et de gloire faisaient palpiter les cœurs, c'était chose impossible; aussi, fus-je peu écouté. Je me suis tu l'année dernière; car comment me flatter que ma faible voix pût se faire entendre au milieu des transports de joie et des acclamations excités par le brillant assaut de Constantine! Mais aujourd'hui, les événements, qui, malheureusement, me donnent beaucoup trop raison, et une plus longue expérience de l'insuffisance de nos moyens défensifs autour d'Alger,

m'obligent à rompre le silence pour insister avec u
nouvelle force et de nouveaux motifs sur l'adopti
de mes idées. Les détails qu'exige mon sujet seraie
peu écoutés du haut de la tribune, et, d'ailleurs, ils a
riveraient un peu tard à la Chambre des Pairs. C'
ce qui m'engage à les livrer à l'impression. Seront-
lus? je l'ignore. J'aurai du moins accompli l'œuv
d'un bon citoyen, en publiant ce que je crois utile
mon pays.

Avant tout, il faut bien connaître nos ennemis
les peuplades africaines, auxquelles nous avons affai
sans quoi nos idées européennes nous exposeraie
à d'étranges et funestes bévues, telles que de voul
faire la guerre en Afrique comme en Allemagne,
d'opposer aux Arabes nos fortifications européenn
C'est ce qui m'oblige à reproduire ici le tableau d
mœurs, des habitudes, du fanatisme religieux, de
manière de combattre et de faire la guerre des pe
plades de l'ancienne régence, tableau dont l'exac
tude n'a point été contestée lorsque je le présentai
tête d'un discours aujourd'hui oublié.

L'ancienne régence est couverte des montagnes
l'Atlas, généralement d'une médiocre élévation, q
se divisent en deux chaînes principales, courant
l'est à l'ouest entre deux mers : l'une d'eau, au nor
l'autre de sable, au midi. Ces deux chaînes supporte
entre elles quelquefois d'autres chaînes transversal
plus souvent de vastes plateaux, qui, malgré leur a
dité, sont néanmoins propres à la culture des céréale

Les derniers contreforts du revers septentrional de l'Atlas tombent en général dans la Méditerranée en pentes roides. Toutefois, ils laissent parfois de leur pied à la mer quelques plaines basses. La plus remarquable, par sa fertilité et son étendue, est la plaine de la Mitidja, dont nous aurons beaucoup à nous occuper aux environs d'Alger. Les rivières qui découlent de ce revers se jettent assez promptement dans la mer en se creusant de profonds ravins au travers des plateaux et des montagnes, en sorte qu'on peut rarement se servir de leurs eaux à l'irrigation des terres ; aucune n'est navigable. Celles du revers méridional vont se perdre dans les sables du désert, où leurs eaux donnent naissance à quelques fertiles oasis, parées d'une multitude de dattiers. Une chose que nous devons remarquer, parce qu'elle intéresse nos établissements, c'est que les montagnes sont seules parfois boisées ; dans tout le reste du pays, on n'aperçoit ni arbres ni arbrisseaux forestiers.

Les habitants indigènes de ces vastes contrées sont de trois sortes : les Arabes, qui parcourent les plaines, les plateaux, les collines dans l'état nomade ; les Kabayles, qui se cantonnent au milieu des montagnes dans l'état de barbarie ; et les Maures, qui se renferment dans les villes dans un état de civilisation imparfaite.

Je peindrai les Arabes, en les mêlant avec les Chaouyas, qui n'en diffèrent que par le langage, tels qu'ils sont maintenant dans l'état de liberté, depuis

que la chute d'Alger et de la domination des Turcs le
a permis de revenir à leurs antiques usages et à l
ancien fractionnement par tribu. La tribu, forte qu
quefois d'un millier de tentes, se divise, pour la fa
lité des subsistances et des pâturages, en plusieurs ca
pements nommés *douars*. Le douar se forme d'un c
cle de tentes, dont chacune abrite une famille. Le n
lieu du cercle reste vide pour recevoir et mettre
sûreté les troupeaux, qui forment la richesse des f
milles. Les soigner et les garder est la principale occ
pation de ces pasteurs. L'agriculture n'est qu'un a
cessoire ; on gratte la terre, on ensemence du frome
et de l'orge, ensuite on lève le camp, et l'on va pl
loin à la recherche de nouveaux pâturages. Plus tar
on revient pour faire la moisson qu'on enfouit, gra
et paille, dans des silos souterrains, dont l'entrée e
soigneusement dérobée aux yeux des étrangers : e
sont les magasins de réserve. Le sol est commun
appartient à la tribu. C'est son territoire ; la force
donne, la force le conserve, la force l'enlève.

Les femmes et les esclaves font tous les travaux d
mestiques, que la simplicité de leurs besoins dans
vie nomade rend peu nombreux. Aussi, entretient-o
peu d'esclaves ; le grand nombre serait à charge ; o
aurait trop de bouches à nourrir.

Les hommes gardent les troupeaux, pillent et for
la guerre ; ce sont leurs occupations. Le chef de l
tribu, pris ordinairement dans la même famille (ca
ils font grand cas de l'aristocratie héréditaire), est leu

conseil et leur guide en paix , leur commandant à la guerre.

La guerre est pour ces nomades l'état normal, celui qu'ils préfèrent. Les tribus se battent pour des pâturages, pour une source, pour empiéter sur les arrondissements voisins, pour s'enlever des troupeaux, par esprit de haines et de représailles. Outre ces combats partiels , suite de leur indépendance anarchique, plusieurs tribus se rassemblent pour de grandes expéditions sous la conduite d'un chef habile, qui leur inspire de la confiance, ou, lorsqu'il s'agit d'une guerre contre les infidèles , sous celle d'un marabout rusé, espèce de saint , qui sait les réunir et les enlacer sous ses ordres dans les liens du fanatisme. L'ambition de ce général les tient en haleine par des guerres continuelles ; et il les rassemble pour les faire servir à ses desseins, quelquefois malgré elles , lorsqu'il a su se créer une garde qui puisse lui servir d'instrument propre à les y contraindre. La paix, en dispersant les tribus , amènerait la chute de son pouvoir ; sa vie est une lutte, un combat continuel ; ses traités de paix ne sont que des trèves momentanées pour respirer un instant, ou pour se retourner avec toutes ses forces contre un nouvel ennemi. Loin de s'étonner qu'Abd-el-Kader nous attaque maintenant au mépris des traités, on doit s'étonner seulement qu'il ait tant différé ; on ne peut l'expliquer que parce qu'il était occupé ailleurs. Une ville, située sur un rocher, dans une oasis du désert, sur la route des caravanes, qu'il espérait enlever d'un coup de main, l'a retenu longtemps. Du reste, les expéditions sont courtes, les armées peu nombreuses ; il faut bien se disperser de nouveau pour vivre.

Ils ont le secret de faire la guerre sans argent, secret que nous ne leur avons pas dérobé en Afrique. Point de solde, nulle distribution de vivres ; les guerriers des tribus arrivent au rendez-vous avec armes, sans bagages, chacun portant quelques petits pains, un peu d'orge, quelques poignées de dattes : le pillage leur fournit le reste. Ils sont d'une sobriété incroyable. Dans l'abondance, ils se contentent de peu ; dans la disette, quelques racines, de la gomme, des insectes même, le moindre aliment suffit à soutenir leur existence.

Ces nomades se battent, montés sur des chevaux rapides, souples, adroits, sobres, infatigables. Les fantassins ne sont qu'une exception, composée de malheureux fort méprisés dans la tribu, qui n'ont pas su se procurer un cheval. Rarement de combats ouverts ; presque toujours des surprises ; jamais le moindre ordre ; tout est fini en un coup de main ; le vaincu échappe au fer du vainqueur de toute la vitesse de son cheval. Ont-ils affaire à des troupes régulières, ils s'ouvrent devant elles, se dispersent presque sans combat, gagnent les flancs et les derrières des colonnes ; les harcellent, pillent les convois et les bagages, surprennent et égorgent les traînards, les isolés, les postes détachés. Fait-on rétrograder des troupes contre eux,

ils échappent aussitôt, pour reparaître un instant
après. Ce sont plutôt des surprises de voleurs
que de véritables combats. Comme ils ne font
ferme nulle part, et qu'ils sont les cavaliers les
plus rapides et les plus adroits du monde, vaincus
ils perdent peu d'hommes, vainqueurs ils font beaucoup de mal.

Ils risquent peu à la guerre; leurs femmes, leurs troupeaux sont envoyés dans des lieux écartés, loin du
théâtre des combats, où il est difficile de les joindre.
Leurs grains, leur seule propriété saisissable, il est difficile de les trouver dans des silos souterrains, dont
l'entrée est soigneusement dérobée à tous les yeux.
Les guerriers eux-mêmes échappent facilement à nos
fantassins et à nos cavaliers, grace à la rapidité et à
l'adresse de leurs chevaux. Ce sont des ennemis souvent invisibles, toujours insaisissables.

Le but de la victoire, c'est le pillage ; jamais la gloire
ou la conquête : l'amour du butin, voilà leur stimu-
lant. Réussissent-ils à surprendre un village, une
ferme, ils saccagent, pillent, égorgent, brûlent, et
puis ils se sauvent au désert avec leur butin et les
troupeaux enlevés. Rarement font-ils des prisonniers ;
le grand nombre d'esclaves les gênerait. Le malheureux qui tombe dans leurs mains, ils lui coupent la tête
pour en avoir le prix fixé par leur chef. La vie dure de
ces brigands et l'habitude du champ de bataille fer-
ment leur âme féroce à toute pitié ; ils répandent du
sang comme de l'eau, avec indifférence.

Les mœurs des Arabes actuels étaient celles des anciens Numides ; elles n'ont pas changé depuis des siècles, et elles ne changeront pas, parce que la nature du sol d'une grande partie de l'Afrique ne permet pas la vie sédentaire.

Une autre race d'hommes, les Kabayles, habitent les groupes de montagnes les moins accessibles ; il s'y cantonnent, ils en gardent les défilés. Là, ces montagnards, divisés en petites tribus, qui se fractionnent elles-mêmes en plusieurs misérables villages, cultivent le penchant des montagnes, le fond des vallées, à l'abri de leurs rochers escarpés contre les incursions des Arabes. Leur industrie s'étend jusqu'à fabriquer de la poudre, du plomb, même des armes grossières. Leur courage aiguisé par le désir de conserver leurs propriétés, et favorisé par l'âpreté des lieux, avait fait respecter leur sauvage et farouche indépendance, même des Turcs, qui osaient rarement leur aller demander des impôts, et qui n'ont jamais pu s'emparer de Callah, leur capitale, située dans les gorges du Jurjura, non loin des Bibans. Comme nous ne les avons attaqués dans la province de Constantine, que pour nous loger dans les ruines de Bougie, ils y sont restés dans leur ancienne indépendance, n'ayant en général que peu de points de contact avec les Français.

Les Kabayles, comme tous les montagnards, combattent à pied ; au lieu de harceler l'ennemi de loin, comme les cavaliers nomades, ils s'élancent sur lui pour l'attaquer corps à corps, sans ordre, sans disci-

pline, les plus braves en tête. Cette manière de combattre leur donnerait du désavantage en plaine, contre les
cavaliers nomades; aussi restent-ils ordinairement dans
leurs montagnes, à la défense de leurs propriétés et
de leur indépendance; laissant aux Arabes la guerre
de rapines, ils se bornent le plus souvent à la guerre
de conservation. Du reste, nulle police parmi eux,
nulle idée de justice; point de lois générales, une
complète anarchie entre toutes leurs petites tribus;
des guerres intestines, continuelles; en un mot, ils
vivent dans un état de barbarie qui dure depuis des
siècles et que nous n'avons nuls moyens de faire
cesser.

Les habitants musulmans des villes, que nous nom-
mons Maures, sont peu nombreux. Nous voyons sur
le tableau de recensement publié par le gouvernement en 1839, que la population musulmane des
cinq villes de la côte que nous occupons, Alger,
Oran, Mostaganem, Bône et Bougie, s'élève à 16,795
âmes, dont 12,322 pour la seule ville d'Alger. Si on
évalue à 3,000 le nombre des Maures des quatre
autres petites villes ruinées ou villages de la côte,
Scherschel, Dellys, Jigelli et Collo, on aura au plus
20,000 Maures sur la côte. Les villes de l'intérieur, à
l'exception de Constantine, n'étant la plupart que de
misérables villages en ruine, entourés d'un mur en
terre contre les incursions journalières des nomades,
en ont moins encore. En sorte qu'on ne peut guère
évaluer à plus de 35,000 le nombre des Maures ré-

partis dans toutes les villes ou villages de la régence.
S'ils sont peu redoutables par le nombre, ils le sont
encore moins par leurs habitudes. Ce sont en général
de petits marchands timides, apathiques, amollis par
une vie sédentaire et sensuelle, dégradés par les avanies des Turcs, et méprisés des Arabes et des Kabayles.
Ils sont nos ennemis, sans doute, et par esprit de religion, et parce que nos marchands européens qui
viennent s'établir dans les villes que nous occupons,
sont des concurrents fâcheux pour eux, mais des
ennemis peu redoutables.

Les juifs, qui forment la seconde classe des citadins,
sont moins considérables encore et par leur nombre,
qui ne paraît pas dépasser vingt mille pour toutes les
villes de la régence, et par leurs mœurs passives. In-
sensibles aux humiliations et aux outrages, le meilleur maître à leurs yeux est celui sous lequel ils gagnent le mieux leur chétive existence par le trafic et
le brocantage, et, à cet égard, ils ont à regretter les
Turcs ; aussi, sont-ils secrètement nos ennemis, mais
des ennemis méprisables.

Les sept à huit mille Turcs qui opprimaient la régence
ont disparu avec leur domination; il n'en est plus
question. Les neuf mille Coulouglis, qui servaient
d'instruments à leurs exactions, en butte à la haine
des autres races, végètent et s'éteignent dans la plus
profonde misère, sur un petit nombre de points où ils
se sont cantonnés. Peut-être eussions-nous pu en tirer
un meilleur parti.

On voit, d'après ce tableau, que nos seuls ennemis redoutables en Afrique, et par le nombre, et par l'esprit guerrier, sont les Arabes et les Kabayles ; les Arabes actuellement, les Kabayles plus tard.

La férocité naturelle de ces deux races s'exalte encore contre les chrétiens , sous l'inspiration du fanatisme religieux. Tous sont musulmans : on le sait, la religion musulmane et la religion chrétienne, qui se partagent la plus grande partie du globe, n'ont pu nulle part se concilier ; nulle part l'on n'a vu les musulmans et les chrétiens se mêler, s'unir sous les mêmes lois, en un seul corps de nation. Dans leurs luttes fréquentes, les armes à la main, les musulmans sont-ils victorieux, ils exterminent les chrétiens ou ils les réduisent à un dur esclavage ; sont-ils vaincus, ils abandonnent le pays au vainqueur, et ils vont s'établir ailleurs. Peut-être ce fanatisme s'adoucira-t-il un jour dans les villes ; mais dans les campagnes, chez les Arabes, jamais. La religion de Mahomet leur plaît ; elle flatte leurs mœurs , leurs passions, leur esprit guerrier ; elle consacre la polygamie dans ce monde ; elle promet à leur courage des voluptés sans fin dans l'autre. Il y a peu d'espoir de convertir ces esprits grossiers et ardents à une religion de paix, de concorde, de sacrifices, de devoirs, de privations et d'austérités. Il y a d'autant moins d'espoir de convertir les musulmans, que leur religion les enlace dès leur enfance dans les liens temporels comme dans les liens spirituels ; que le Coran est leur code civil comme leur code

religieux; qu'il règle toutes leurs affaires, leurs mœu
et leurs opinions; qu'on ne leur apprend pas aut
chose; que c'est à leurs yeux la seule science. Se co
vertir pour un musulman, ce n'est pas simpleme
changer de religion, c'est en même temps changer l
lois qui ont réglé jusqu'alors ses biens, sa fortune; c'e
entrer dans un tout autre ordre d'idées et d'existenc
Un vénérable évêque, qui a le zèle et les vertus d'u
apôtre, occupe le siége épiscopal d'Alger. Quelles co
versions a-t-il faites ? On en cite une seule ; celle d'u
jeune fille qu'Ahmet avait oubliée dans son hare
en abandonnant Constantine. Malheureusement so
exemple n'a eu que bien peu d'imitateurs, s'il en a e
Ainsi, résignons-nous à voir les Africains rester mu
sulmans, et par conséquent doublement nos ennemi
et par leurs mœurs et par leur religion.

Si de ce tableau des mœurs et de la religion des tr
bus africaines nous ramenons nos regards vers no
mœurs et notre religion, nous trouverons un tel cor
traste, qu'il sera difficile de ne pas en conclure l'im
possibilité de voir les deux races française et afri
caine se mêler et se confondre en une même nation
sous les mêmes lois. D'un côté, l'oisiveté et l'incuri
de la vie errante et barbare, l'absence de propriété
immobilières, la pénurie des denrées, la polygamie
l'esclavage domestique, la confusion de la loi civile e
de la loi religieuse, une religion guerrière qui ordonn
de contraindre les infidèles les armes à la main, l'a-
narchie, le droit du plus fort ; de l'autre les occupa-

tions et les tracas de la vie sédentaire et civilisée, les propriétés immobilières, l'abondance, la monogamie, l'absence de l'esclavage, la séparation de la loi civile et de la loi religieuse, une religion de paix et de concorde, une police réglée, et la protection du faible sous l'égide des lois ; comment tout cela pourrait-il se fondre, lorsqu'il existe au sein d'un même pays deux races aussi différentes? Il est dans la nature des choses qu'elles restent divisées par des haines inextinguibles, qui, avec des tribus aussi turbulentes, aussi ennemies du travail, aussi guerrières, et aussi possédées de l'amour du pillage, doivent nécessairement dégénérer en hostilités perpétuelles. Ces observations nous font entrevoir déjà une triste vérité, qui acquerra bientôt l'évidence d'une démonstration à la vue de la série des faits qui ont eu lieu depuis notre séjour en Algérie; c'est que nous aurons à coloniser l'Afrique, non pas à l'aide des Arabes et des Kabayles, mais malgré eux. Tels les Anglais, lorsqu'ils formèrent leurs premiers établissements sur les côtes orientales de l'Amérique-Nord, colonisèrent, non pas à l'aide des hordes sauvages qui les entouraient, mais malgré elles, hordes qu'ils n'ont pas encore pu plier aux occupations de la vie civilisée. Ils avaient toutefois l'avantage de n'avoir à combattre que des sauvages peu nombreux, nus et presque sans armes; au lieu que nos ennemis sont bien plus redoutables.

Maintenant que nous connaissons nos ennemis et les gens auxquels nous avons affaire, arrivons au territoire d'Alger, qui est le but de notre excurs

Après la chute d'Alger, les attaques isolées et
déprédations des Arabes nous apprirent bientôt, à
dépens, à ne nous avancer dans le pays qu'avec
caution. On chercha d'abord à assurer la tranqui
dans le Sahel, ce joli groupe de collines qui s'ava
jusqu'à trois ou quatre lieues autour d'Alger, par
postes qu'on fut obligé de mettre en sûreté dans
blockhaus et des redoutes contre les surprises
Arabes; et ces postes, on crut prudent de les se
tenir par des camps retranchés. On arriva ai
au bord de la Mitidja; c'est une plaine d'envir
vingt cinq lieues de long sur trois à quatre de lar
qui se déroule jusqu'au pied de l'Atlas. Son voisina
et sa fertilité durent naturellement fixer notre atte
tion; on s'assura de l'entrée de cette plaine toujours p
des blockhaus et des camps; ensuite, on se hasarda
aller établir le camp de Bouffarick, au-delà des mara
qui encombrent ses bas-fonds. Enfin, on s'empara s
la rive gauche du Masafran de la petite ville de Kolléa
ville sainte formée d'une mosquée et de quelques ma
sons; ensuite, de la ville plus considérable de Blid
munie d'un mur d'enceinte, entourée de jardins d'
rangers dans une situation délicieuse au pied de l Atla
on avança les camps vers l'Est jusqu'à l'Oued Kada
rah, et dans le courant de 1838, notre occupation s'é
tendit sur tout le territoire que nous avait réservé l
traité de la Tafna, moins quelques montagnes au sud
et le pays contesté à l'est. Les camps furent multiplié

nsi que les postes retranchés pour assurer ce territoire
environ cent lieues carrées ; on établit de nouveaux
mps au-dessus de Kolléah, autour de Blida, dans les
orges de l'Arrach et du Kamise, et sur la rive gauche
e l'Oued Kadarah ; et en général on n'abandonna pas
s anciens, qui devinrent par l'extension de l'occupa-
on des camps intérieurs.

Je vois sur les états de situation des troupes, publiés
ar le gouvernement en 1839, que ce territoire avait
ingt-deux mille hommes de troupes européennes
onsacrés à sa défense ; plus sept cents hommes de
roupes indigènes, sans parler des cinq bataillons de
milice de la ville d'Alger.

L'on voudra bien remarquer que la moitié de son
pourtour étant garanti par la mer, ce n'était plus qu'une
rontière de vingt-cinq lieues de développement qu'il
'agissait de garder. Du moins ces dispositifs formi-
dables ont-ils été suffisants en temps de paix ? car l'on
sait que nous avons été entourés de prétendus amis
durant toute l'année de 1838. Je cite le compte-rendu
le la situation du territoire d'Alger en 1838, publié
par le gouvernement en 1839. « On signalait de temps
« à autre, dit ce rapport, quelques attentats isolés,
« œuvre de quelques malfaiteurs, qui parvenaient à se
« glisser dans l'intérieur de nos postes à la faveur de
« la nuit. » Et plus loin : « Tous les colons sont unani-
« mes pour assurer que l'industrie de l'engrais des
« bestiaux leur donnerait des profits considérables, si
« l'état du pays leur permettait de s'y livrer en toute

« sécurité. Il est vrai, en effet, que les Arabes dé

« dans le vol des troupeaux une audace et une h

« toute particulière. » Il est d'ailleurs de notorié

blique, que vingt-trois mille hommes bien retra

n'ont pas suffi à faire la police d'un petit territo

manière à rassurer les colons contre les dépréd

des Arabes en temps de paix. Tout le monde co

en effet, que les Arabes, les plus hardis et les plu

tils voleurs du monde, passent à la faveur de l

entre des postes fortifiés, fussent-ils à portée d

les uns des autres, aillent piller, égorger des fer

et s'échappent aussitôt de toute la vitesse de

chevaux sur un autre point, pour aller cache

proie dans les plis du désert.

Tout cela est encore plus insuffisant en tem

guerre. Dernièrement Abd-el-Kader a fait une i

sion à la tête de plusieurs milliers d'A'ricains, i

sion à laquelle on devait s'attendre, puisqu'un

d'Arabes, de cette même main dont il vient de sign

traité, vous coupe la tête, s'il en trouve l'occasi

quoi nous ont servi et nos vingt-trois mille hon

et nos groupes de camps et de postes retranchés ! (

ques colons commençaient à travailler, à élever

établissements, à prendre confiance, et on les a la

piller, brûler, égorger. Triste vérité ! Après dix

d'occupation, lorsque nous avons bientôt soix

mille hommes en Afrique, nous ne possédons pas

core une lieue carrée de terrain où un colon pu

se dire : *je suis en sûreté.*

Je lis aujourd'hui dans le *Moniteur* le rapport du maréchal Vallée, sur le brillant combat qu'il a livré pour débloquer ses camps de Blida, combat où il a saisi de l'armée d'Abd-el-Kader tout ce qui était saisissable. Le maréchal, après avoir rendu compte de sa victoire, et de la retraite de l'ennemi, ajoute ces mots avec une franchise qui l'honore : *Toutefois, il est probable qu'ils reviendront pendant l'hiver, et que la plaine sera encore soumise aux incursions des bandes ennemies.* Ainsi, un habile maréchal, au sein même de la victoire, n'ose se flatter de garantir des incursions ennemies le petit territoire d'Alger, semé de camps et de postes fortifiés, et cela avec trente mille hommes peut-être. Mon Dieu ! je n'accuse personne, ni les troupes, ni les généraux, ni les ministres ; tout le monde a fait son devoir ; je n'accuse que l'insuffisance du système dé-fensif suivi jusqu'à présent, ou plutôt, ce sont les faits qui l'accusent. Ces groupes de postes isolés ont pu être convenables peut-être pour s'avancer et occuper le territoire ; mais ils sont insuffisants pour le pré-server. En effet, qu'on soit en paix avec une tribu ; peu importe ! Quelques guerriers s'en détachent la nuit, pénètrent furtivement entre deux postes, font leur coup de main en s'enfuyant aussitôt. Veut-on les pour-suivre dans le désert ; si c'est avec peu de monde, on se livre à la foi punique des tribus ; si c'est avec un fort détachement, on ne les atteint pas. Leur tribu consent-elle à les livrer, ils se font recevoir dans une autre.

Je voudrais qu'on ouvrît les yeux sur ce qui se passe

dans les deux parties du monde, l'Asie et l'Afriq
il y a des nomades, et où il y en aura toujours,
qu'ils sont inévitables dans des contrées rebelle
culture. Pourquoi les sociétés sédentaires y son
moins civilisées qu'en Europe et en Amérique,
que beaucoup plus anciennes? n'est-ce pas
qu'elles y ont été ravagées, désorganisées périod
ment par les nomades, soit en petit par les dépréd
partielles, soit en grand par les irruptions nombr
de ces brigands de la terre? Une seule nation asia
a prospéré; à quoi doit-on l'attribuer, si ce n'es
muraille qui la garantit habituellement depuis
mille ans des ravages des nomades. Grand exen

Sans porter nos regards si haut et si loin, co
rons simplement ce qui se passe autour de nous,
les particuliers. Comment se garantissent-ils de
leurs? N'est-ce pas par des murailles continues
les nomades ne sont autre chose que des voleurs
s'organisent plus ou moins en grand, suivant le
constances. Dans le nord de l'Afrique ils sont
redoutables qu'ailleurs, parce que les qualités
rieures de leurs chevaux leur permettent d'acc
vite, de surprendre adroitement et de s'échapper
rapidité; raison de plus de ne pas laisser des br
entre nos postes, de leur fermer toutes les port
par conséquent d'élever une enceinte continue.

Dans mon discours de 1837, à la Chambre des
j'avais cherché à établir la nécessité d'une lign
fensive continue pour couvrir le territoire d'A

Les idées neuves sont, en général, froidement accueil-
lies ; il est si commode de ne pas examiner ! Celle-ci
eut le sort des idées neuves, quoique aussi ancienne
que la muraille de la Chine. J'insiste de nouveau sur
cette idée fondamentale d'une enceinte continue, sauf
à la modifier et à l'améliorer dans ses détails. J'avais
pensé que les escarpements de la Chiffa et du Mazafran pouvaient suffire sur certains points ; que sur la
plupart des autres un fossé bordé d'un parapet pou-
vait arrêter les Arabes, et qu'on ne serait obligé d'é-
lever de mur que sur un petit nombre de points. Le
général Daullé, inspecteur-général des fortifications
d'Afrique en 1839, qui a examiné le projet d'une enceinte
continue sur les lieux, et qui pense, comme moi, que
c'est le meilleur moyen de prévenir les incursions des
Arabes, m'a fait observer que les escarpements et le
fossé seraient trop souvent dégradés ; qu'ils exige-
raient des réparations continuelles ; que les cavaliers
arabes trouveraient quelquefois le moyen de franchir
cette barrière ; qu'un mur continu n'exigeant que des
réparations fort rares ne serait pas plus cher. Ces rai-
sons paraissent fort bonnes ; aussi, je n'hésite point
à adopter son mur flanqué de tours, tel qu'il en a
fait faire le projet sur les lieux par son aide-de-camp,
le capitaine du génie Bazin.

Ce mur, construit suivant l'usage d'Afrique en ma-
çonnerie de mortier de terre, ou en pisé sur les points
où l'on manquera de pierre, a 3 mèt. 50 cent. de haut
sur 0 mèt. 60 cent. d'épaisseur, ce qui suffit au rôle qu'il

est destiné à jouer. Il est flanqué de petites tours ro
des ou carrées, de la capacité de huit à dix homm
espacées entre elles à 500 mètres de distance ; elles c
un rez-de-chaussée sans porte et un premier étage a
une porte, qu'on atteindra avec une échelle mobi
qu'après être monté on retirera dans l'intérieur,
elle servira à communiquer du premier au rez-
chaussée. Le premier étage, muni de créneaux, et ar
de cinq ou six fusils de rempart, servira de corps-
garde ; le rez-de-chaussée, formant magasin, recevr
une provision d'eau, de vivres, de munitions.

Figurez-vous un mur de parc, flanqué de tou
rien de plus ; tel serait le mur dont nous vo
drions envelopper le territoire d'Alger de la m
nière suivante : en partant de la mer de l'oue
perpendiculairement à la côte, sur la rive gauche
Masafran, il irait passer cette rivière près du conflue
de la Chiffa ; de là il suivrait la rive droite de la Chi
jusqu'aux hauteurs de Blida, d'où, embrassant ce
ville, il couronnerait les derniers contre-forts de l'Atl
où il en suivrait le pied selon les exigences du te
rain, jusqu'au camp de Kara Moustapha, près de l'Oue
Khadara, dont il accompagnerait la rive gauche jusqu
la mer de l'est. L'on renfermerait ainsi, entre la m
et un mur d'enceinte de vingt-cinq lieues de dévelo
pement, flanqué de deux cents tours, le territoire qu
nous nous étions réservé par le traité de la Tafn
moins les montagnes, surface de près de cent lieu
carrées, chacune de 1 600 hectares, en tout 160,00

hectares. Bien entendu que ceci n'est qu'une indica-
tion, dont les détails seraient rectifiés sur le terrain
par des officiers intelligents : peut-être pourrait-on se
tenir toujours sur les montagnes, et se contenter sur
quelques points de l'escarpement infranchissable des
ravins. L'idée fondamentale une fois admise, on ferait
des reconnaissances.

Je voudrais soutenir l'intérieur de cette enceinte de
six camps retranchés, espacés entre eux d'environ
quatre lieues, et situés sur les points les plus sains et
les plus favorables. Plusieurs existent déjà, qu'on
pourrait peut-être faire servir à cet objet ; tels que celui de Colléah, le camp supérieur de Blida ; celui de
la gorge de l'Arach ; celui de Kara-Moustapha. C'est
sur les lieux qu'on pourra prendre un parti en con-
naissance de cause ; d'ici, on ne peut qu'indiquer l'en-
semble du système, et non pas les détails. Le mur
d'enceinte de la ville de Blida serait rasé, et le réduit
qu'on a fait serait conservé pour n'avoir rien à
craindre des habitants.

Voici maintenant quels seraient la répartition et le
nombre des troupes nécessaires à la garde et à la
défense de ce dispositif. Dans chaque tour, servant de
corps-de-garde, un poste de cinq hommes ; ce qui
exige mille fantassins pour les deux cents tours ; dans
chaque camp retranché, quatre cents fantassins et cent
cavaliers ; en tout, y compris les postes des tours,
quatre mille combattants. Le rôle de chaque poste des
tours est de fournir une sentinelle, aux aguets du haut

de la tour de ce qui se passe dans la campagne. Aperçoit-on des ennemis, chaque homme braque son fu-
sil de rempart, et tire. Le rôle des fantassins des camp
est de relever les postes des tours ordinairement tou
les trois jours, quelquefois toutes les vingt-quat
heures dans les endroits malsains, dans la saiso
malsaine ; de doubler la force des postes des tour:
lorsque l'ennemi se montre en force, de surveill
les portes de l'enceinte, et de fournir des travai
leurs toujours nécessaires dans une colonie nai
sante, où l'on ne peut guère compter que sur l
bras militaires pour y exécuter les travaux indisper
sables. Celui des cavaliers est de faire des rondes fr
quentes, surtout la nuit, le long du mur d'enceint
S'aperçoit-on qu'un parti arabe porte l'audace jusqu
essayer clandestinement de percer le mur ou de l'es
calader, les troupes du camp voisin sont averties ; ell
accourent, elles interdisent le retour au trou d'in
troduction ; et bientôt le sabre des cavaliers aura fa
justice des téméraires qui auront pénétré. Quatre mill
combattants obtiendraient d'une manière certaine d
ce dispositif, ce que trente mille hommes ne peuver
obtenir du dispositif actuel, la sécurité intérieur
contre les incursions des partis arabes.

Ce qui est suffisant contre des partis peut ne pa
l'être même contre une armée africaine. Cette armé
peut avoir du canon pour battre en brèche, et de l'in
fanterie pour soutenir ce canon ; témoin celle d'Abd
el-Kader assiégeant dernièrement nos camps de Blida

A une armée , il est nécessaire d'opposer une armée ;
car ce ne sont plus des surprises de voleurs, c'est la
guerre. Je regarde comme indispensable d'avoir une
division en réserve de cinq mille combattants, composée des trois armes, pour lui faire jouer ce rôle.
Cette armée au petit pied, munie de deux à trois bat-
teries d'artillerie bien attelées, camperait habituellement à Bouffarick, ou à Douéra, ou sur tout autre point
central, et resterait tout entière disponible dans son
camp sous la main du gouverneur. Une armée africaine s'avance-t-elle avec ses trois ou quatre mauvaises
pièces d'artillerie, et ses deux ou trois bataillons organisés, méchantes parodies de nos bataillons; car je re-
marquerai en passant qu'elle ne peut avoir que quelques
mauvais canons, mal montés, mal attelés, mal approvi-
sionnés et mal servis, la bonne artillerie exigeant des
connaissances et des ressources que n'ont pas les Arabes;
et que quelques détestables bataillons , les officiers in-
struits ne pouvant pas s'improviser chez des peuplades
barbares. Le général a le choix, ou de sortir de l'enceinte
et de marcher à l'ennemi qui devient saisissable par la
nécessité de défendre son canon; ou bien de l'attendre
dans l'intérieur en lui laissant faire brèche. Dans tous
les cas, il suivra son inspiration : quel que soit le
parti qu'il prenne, il est bien sûr d'obtenir un prompt
et facile succès. Est-il une armée africaine qui puisse
résister à nos colonnes d'attaque, soutenues par le feu
de bataille de 24 pièces bien servies? Toute cette
cohue ne serait-elle pas dispersée en un clin d'œil?

S'il sort, il faut seulement qu'il ait la prudence de n
pas trop s'avancer afin de ne pas user inutilement le
forces de ses soldats dans le désert. S'il attend dan
l'enceinte, il obtiendra, n'en doutons pas, de plu
beaux résultats, en s'imposant la patience de laisse
pénétrer par la brèche une partie de l'armée africain
obligée de défiler en colonne; de ses 24 pièces il la cri
blera à mitraille en même temps qu'il la chargera
dans ce défilé.Tout ce qui aura pénétré sera tué ou pris

Que si nous voulons faire servir notre artillerie de
l'intérieur à l'extérieur contre l'armée arabe et ses canons en batterie, ce sera chose facile. Nos canonniers
n'auront qu'à percer des trous en forme d'embrasure
dans le mur, sur les points d'où ils jugeront à propos
d'ouvrir leur feu ; ce sera le travail d'un quart d'heure.

Il est superflu de faire observer que cinq mille combattants pour notre petite armée, n'est pas un nombre
inflexible. Je pense qu'il suffit ; d'autres peuvent
penser différemment et grossir ce chiffre ; le système
reste toujours le même quel que soit le nombre, seulement il coûte plus cher. Quant à moi, je crois inutile
d'acheter un excès de sûreté avec un excès d'argent.

Il est temps de répondre aux objections que jai
entendu faire jusqu'à présent contre une enceinte
continue.

PREMIÈRE OBJECTION. *Mais la construction de votre
enceinte munie de ses tours, coûtera des sommes im-
menses, et elle exigera un temps infini.* Elle coûtera de
un million à 1,500,000 fr., y compris ses deux cents

corps-de-garde en forme de tour. Le capitaine du génie Bazin, en a fait sur les lieux l'état estimatif, d'après les prix du pays. Le devis de cet officier ne monte qu'à un million, savoir :

Le mur de 25 lieues de développement. 665,000 fr.

Les deux cents tours. 320,000

Total. 985,000

ou un million en nombre rond.

Quelque attention et quelque franchise que puisse apporter un officier du génie à la rédaction d'un devis de travaux qui doivent s'étendre sur un vaste terrain peu connu, il est possible qu'il se trompe et qu'il reste au-dessous de la vérité. Les accidents imprévus des fondations et un plus grand développement viennent ordinairement augmenter la dépense. Laissons une large part à l'imprévu, j'y consens, de la moitié en sus, par exemple, et portons l'évaluation de la dépense à 1,500,000 francs.

Toutes ces constructions exigeront environ deux ans, de six cents jours de travail, avec seize à dix-huit cents travailleurs par jour. Ce nombre n'est pas au-dessus de ce que pourront fournir la division et les camps dans les moments de repos. On pourrait, d'ailleurs, envoyer de France, un ou deux bataillons d'ouvriers en pierre, tirés momentanément des régiments. Les seize lieues de mur de la Chiffa à l'Oued-Kadarah, devant être élevés dans une contrée constamment saine au pied de l'Atlas, les travaux seraient exécutés durant les

exhalaisons des marais qui ne peuvent les atteindre
sauf à les interrompre durant la saison saine pour
employer les travailleurs aux neuf lieues de mur qui
longeraient les marais sur les rives de la Chiffa et de
l'Oued-Kadarah. Tout cela peut s'arranger de manière
qu'il n'y ait pas de temps perdu.

2ᵉ **Objection**. *Quoi ! vous voulez donc la muraille
de la Chine ?* Je prends au sérieux cette agréable
plaisanterie, et je réponds : oui, c'est la muraille de la
Chine que je veux, moins sa hauteur et sa largeur, qui
nécessaires, je n'en sais rien, contre des Tartares, seraient superflues j'en suis sûr, contre des Arabes. Je
veux me garantir des déprédations des nomades par
une ligne défensive continue à l'exemple des Chinois
qui élevèrent contre les Tartares, il y a plus de deux
mille ans, une longue muraille de cinq cents lieues
appuyée d'un côté à la mer, de l'autre aux montagnes
inaccessibles du Thibet ; et qui plus tard, lorsque leur
population croissante les obligea de chercher de nou-
velles terres au delà de la grande muraille, envelopèrent
d'un retranchement continu leur nouvelle province
de Leïo-Ton ; à l'exemple des empereurs Antonin et
Adrien, qui, dans le nord de la Bretagne, tirèrent
d'une mer à l'autre, deux retranchements continus
contre les Pictes ; à l'exemple du Bas-Empire, qui
construisit au travers du Caucase un mur du Pont-
Euxin à la mer Caspienne, pour préserver l'Asie méridionale des ravages de ces nomades redoutables
connus successivement sous les noms de Scythes, de

Huns et enfin de Tartares. Ce qui ne serait que ridicule contre des armées européennes, est à sa place contre des Arabes.

3e Objection. *Mais les Romains ne se renfermè-rent pas dans des enceintes pour coloniser l'Afrique.* Cela est vrai; toutefois l'érudition de mes critiques, qui leur a appris que les Romains n'eurent pas recours à ce moyen, ne peut leur avoir laissé ignorer que ce peuple, sans parler de sa constance à l'épreuve des siècles, avait deux grands avantages sur nous. D'abord, celui d'adopter les dieux des peuples vaincus, admis à Rome dans un temple dédié aux dieux inconnus; lorsqu'on a soi-même plusieurs milliers de dieux, il en coûte peu d'accorder le droit de cité à des dieux étrangers; et l'on évite par cette condescendance les guerres de religion. En second lieu, et c'est ici un immense avantage, le droit des gens leur permettant de réduire en esclavage les prisonniers de guerre, et les habitants d'un pays subjugué par la force des armes, l'Africain qu'ils avaient désarmé, loin de risquer de le rencontrer un jour les armes à la main sur un nouveau champ de bataille, ils en faisaient à jamais un utile instrument de travail. La république, les colons italiens et les vétérans se servaient de ces esclaves pour cultiver et construire. Néanmoins, quelque grands que fussent ces avantages, les Romains mirent plusieurs siècles à subjuguer et à policer le nord de l'Afrique.

Qu'on ne m'accuse point de faire l'apologie de l'affreux droit d'esclavage, qui régissait le monde

avant l'heureux établissement du christianism
cite et je ne justifie pas.

4e OBJECTION. *Votre frêle enceinte ne pourra*
résister à l'empereur de Maroc, dont les ar
renforceront sans doute Abd-el-Kader. Je crois
certain que le chef de barbares que nous nomm
l'empereur de Maroc, n'a pas des armées bien re
tables, que son artillerie de campagne est fort r
vaise, que les esclaves nègres qui forment sa g
sont assez mal organisés, du moins, tel était l'éta
choses lorsque le capitaine du génie Burel, en
par l'empereur Napoléon, ostensiblement pour
porter une lettre, secrètement pour étudier le p
fut admis à baiser sa botte dans son camp, au m
d'un désert. Sans doute que des armées consista
peuvent nous menacer un jour; notre frêle ence
n'est point faite pour leur résister; à chaque chose
rôle. Il faudra alors se hâter d'ajouter de nouv
forces à notre division disponible, de la transfor
en une armée, qui sortira de l'enceinte et ira au-de
de l'ennemi, de quelque côté qu'il vienne; l'on fer
qu'on fait toujours en pareil cas, on opposera de r
velles forces à un nouvel ennemi. Cependant l'encei
durant ces opérations extérieures, continuera à jo
son rôle, de garantir nos établissements coloniaux
incursions des Arabes.

5e OBJECTION. *Vous voulez donc obliger nos troup*
se morfondre honteusement derrière un mur, tar
que l'ennemi frappera à nos portes et nous insultera

dehors? En vérité, telle n'est pas ma pensée. J'organise au contraire une division active de toutes armes, forte de cinq mille combattants sur neuf mille ; sorte d'armée au petit pied , laissée continuellement à la disposition et à la prudence du gouverneur. Qu'elle sorte, qu'elle se précipite sur l'ennemi, qu'elle le poursuive, qu'elle soutienne nos alliés ; tout est bien, tout est mal suivant les circonstances. Durant ces courtes expéditions, quatre mille combattants suffisent à la garde de l'enceinte contre les partis africains ; et les hommes laissés à ce service obscur, seront à leur tour appelés à la division active en échange des hommes fatigués. Qu'on se rassure, il y aura de la gloire et des grades pour tout le monde. Ne trouve-t-on point cette division active assez nombreuse ; qu'on en double, qu'on en triple la force, si l'on veut ; ce n'est pas moi qui me plaindrai de ce luxe ; c'est le budget.

6e **Objection.** *Qu'avons-nous besoin de votre honteuse enceinte? Exterminons les Arabes ; ce sera bien plus glorieux.* Voilà ce qui s'appelle trancher le nœud gordien. Toutefois, ces pourfendeurs me permettront de leur opposer un petit calcul. Sans avoir les éléments nécessaires à l'estimation , même approximative , de la population arabe, dans un vaste pays en proie à l'anarchie, cependant à en juger d'après les tribus que nous connaissons et l'espace qu'elles occupent, la force de toutes les tribus ne peut pas s'élever à moins de cent mille guerriers , c'est l'évaluation la plus modérée. Or, l'expérience prouve que dans la pour-

suite de ces cavaliers au travers du désert, nous
dons beaucoup plus qu'eux, par les maladies et l
sère, si ce n'est pas le fer, peut-être dix Français
un Arabe ; donc, pour exterminer cent mille Arabe
je n'achève pas le calcul.

7ᵉ **Objection.** *Qu'avons-nous besoin de votre i
enceinte ? Nous civiliserons les Arabes.* A la bonne h
c'est du moins un moyen honnête de se tirer d'emba
je n'ai qu'une crainte ; c'est qu'il soit tout simple
impossible. Si nous consultons l'histoire, elle nous
tre les Arabes menant la même vie pastorale et g
rière depuis trois à quatre mille ans. Si nous consul
le sol qu'ils parcourent, il nous étale son aridité
nous faisant observer que, lorsque l'eau manque
un point, il faut bien l'aller chercher sur un autre
lorsqu'on est obligé de changer de lieux, il faut
sous la tente, renoncer aux biens immeubles, n'a
que peu d'effets mobiliers, facilement transportable
un mot, être et rester pauvre et mener par conséq
une vie oisive. Lorsqu'on est pauvre, on convoite
turellement les richesses des peuples sédentaires ; l
qu'on n'a rien à perdre et tout à gagner à la guerr
est assez naturel de l'aimer afin de piller les riche
aussi afin de rompre l'uniformité d'une vie ois
Voyez comme tout s'enchaîne ; voyez aussi la chim
de ceux qui croient pouvoir civiliser les Arabes.

Voilà les seules objections que j'aie entendu f
contre l'enceinte continue. Si on veut bien en f
d'autres, je suis prêt à y répondre.

Il faut deux ans, avons-nous dit, pour élever notre enceinte : il est évident que, durant ce temps de travail, la colonisation restera stationnaire, puisque la sécurité ne serait pas complète. L'enceinte terminée, la sûreté du territoire d'Alger étant bien établie contre les déprédations partielles ainsi que contre les attaques générales des Arabes, le temps seul peuplerait sans doute à la longue la colonie. Quelques agriculteurs s'établiraient et s'établissent déjà au milieu des jolies collines du Sahel, rafraîchies par de fréquentes sources; d'autres, en plus grand nombre, attirés par la bonté du climat, la fertilité des terres et la facilité des irrigations, grâce aux eaux abondantes qui découlent de l'Atlas, d'un grand nombre de ruisseaux et de sources, s'empresseraient de cultiver le pied des montagnes. Plus tard, lorsque les pays sains commenceraient à se peupler, on songerait à dessécher la basse plaine qui se couvre d'eau croupissante dans la saison des pluies. Mais tout cela serait lent sans l'aide du gouvernement. Il lui importe de faire marcher rapidement la colonisation, d'abord afin de recueillir sur les lieux mêmes de quoi entretenir et nourrir, économiquement ses troupes, ensuite afin d'obtenir, dans un avenir peu éloigné, une population compacte de colons, qui augmente ses revenus, accroisse son influence dans le pays, et puisse substituer à ses troupes une milice capable de garder l'enceinte. Or, pour faire marcher rapidement la colonisation, il faut qu'il achève et qu'il complète, dans l'intérêt des colons, ce réseau de routes

commencées avec raison, dans l'intérêt militaire,
le territoire d'Alger ; il faut qu'il ouvre un écoulen
facile aux eaux pluviales de la basse plaine, qui
ment des marais dans les bas-fonds ; marais infe
qui, se desséchant en été, causent, par l'exhalai
des miasmes pestilentiels engendrés par la décon
sition des cadavres des insectes et des végétaux,
fièvres putrides dont les indigènes eux-mêmes ne s
pas exempts. En creusant, en élargissant, en red
sant le lit de deux petits ruisseaux, le Bouffarick e
Chabeck. qui coulent en sens contraire, l'un dan
Mazafran, et l'autre dans l'Arrach, les grandes e
trouvant une issue facile, la culture achèverait d'as
nir les bas-fonds par le labourage, et par le cret
ment et l'entretien des petites rigoles ; viendrait
suite le desséchement des rives de l'Arrach. Il
qu'il vienne en aide aux familles des cultivateurs
borieux qui désireraient passer en Algérie, en les tra
portant gratuitement, en leur distribuant des ter
moyennant une légère redevance, en leur faisant
avances de bestiaux et d'instruments aratoires. S
ces soins matériels, le gouvernement joint des
équitables, nul doute qu'en peu d'années le fertile t
ritoire d'Alger ne se couvre d'une population de
de colons européens, qui trouveront quelques seco
pour les travaux agricoles dans l'emploi des Kabayl
que la faim chassera momentanément de leurs mo
tagnes. On doit même espérer que plusieurs de
sauvages, adoucis par la fréquentation des Européer

finiraient par s'établir, avec leurs familles, dans la plaine, au service permanent des colons.

Notre territoire, de 160,000 hectares de surface, combien d'habitants pourrait-il entretenir et nourrir? On sait qu'en France, un hectare de bonnes terres, bien cultivées, suffit à la nourriture et à l'entretien de trois personnes. Le sol de la Mitidja, engraissé des cadavres des insectes et du détritus des végétaux que les eaux roulent des montagnes, est bien plus riche qu'aucune terre de France; les parties arrosées surtout, seront d'une abondance surprenante; les personnes qui connaissent les *huertas* de l'Espagne méridionale, ce pays quasi africain, la multitude d'habitants qui y fourmille, et les riches récoltes qui s'y succèdent sans interruption plusieurs fois l'an, peuvent seules se représenter les miracles opérés par l'irrigation des terres dans un climat chaud. Toutefois, les premiers colons aimant l'espace et cultivant mal les terres, calculons leur nombre à un habitant seulement par hectare, ce sera 160,000 colons que nous aurons en peu d'années sur la surface de notre territoire, non compris la population d'Alger.

Une population compacte de 160,000 âmes comprend 30,000 hommes en état de porter les armes, qui, organisés en milice, se chargeront de fournir les quatre mille hommes nécessaires à la garde de l'enceinte; et le gouvernement ne sera plus obligé d'entretenir et de solder que les cinq mille combattants de la division active d'expédition. Une population de 160,000 âmes,

assimilée pour les revenus publics à une popula[tion]
de même nombre en France , paierait 4,800,000 fra[ncs]
au trésor , sans compter les revenus de la ville et [les]
douanes d'Alger. Voilà donc notre colonie bientô[t en]
état de se suffire à elle-même; en hommes pou[r sa]
garde , en argent pour sa dépense.

Notre première enceinte étant peuplée , il est fa[cile]
de s'avancer par une nouvelle enceinte , accolée [à la]
première , d'abord vers l'ouest , au delà du Mazaf[ran]
où les terres sont très fertiles, jusqu'au port de Se[r-]
schel (l'ancienne Césarée), ensuite vers l'est au del[à de]
l'Iser, et peut-être du Bouberach, avancés qui fou[rni-]
raient de l'espace à une nouvelle population de [cent]
soixante mille âmes. Ces terres, voisines d'un no[yau]
de colonie , seraient naturellement très recherch[ées;]
le gouvernement , en les vendant au lieu de les dis[tri-]
buer, rentrerait aisément dans ses frais d'encein[te et]
autres. Alors les colons organisés en milice , a[ssez]
nombreux pour se faire respecter, assez riches p[our]
entretenir leur état naissant, verraient eux-mêm[es ce]
qu'ils auraient de mieux à faire, ou de se porter su[r les]
montagnes vers Médéah et la vallée du Schéliff, o[u de]
continuer à s'étendre sur les côtes , ou de fonder [une]
nouvelle colonie dans les plaines de Bone et de l'[an-]
cienne Hyppone.

Ainsi, nous voyons que la colonisation est possi[ble,]
facile même , à l'abri d'une enceinte. Mais au pri[x de]
quels sacrifices? Quels avantages en retirera[-t-elle la]
France? Ces avantages seront ils proportionnés [aux]

dépenses? c'est ce qu'il est raisonnable d'examiner.

Les sacrifices seront assez peu de chose, si toutefois l'on consent à se restreindre à la simple colonisation du territoire d'Alger, en la dégageant de tout ce cortége d'occupations étendues et de conquêtes éloignées, qui lui est parfaitement inutile. La possession de ces misérables villages, entourés d'un mur, décorés du nom de villes, que nous trouvons épars dans les contrées désertes du sud et de l'ouest, n'est nécessaire ni à sa prospérité ni à sa sûreté. On occuperait tous ces points avec de fortes garnisons, qu'elles n'empêcheraient point les Arabes de passer outre, et par conséquent, elles ne contribueraient en rien à la sécurité de nos colons. Ces petites villes n'exercent d'ailleurs aucune influence sur les guerriers des tribus, qui regardent avec le plus profond mépris les Juifs et les Maures qui composent leur faible population. La possession des villes maritimes éloignées, et celle de la province de Constantine, lui sont encore moins nécessaires. Le système proposé est fait pour se suffire à lui-même, indépendamment de tout cet appareil ; c'est donc ses exigences seules en troupes et en argent qu'il s'agit d'examiner.

En troupes, nous l'avons vu, neuf mille combattants lui suffisent. On peut estimer que, pour fournir neuf mille combattants en Algérie, il faudra y entretenir habituellement douze mille hommes dont les dépôts seraient chargés de la police de la ville d'Alger, conjointement avec sa milice ; trois mille hommes enlevés

au service actif par les hôpitaux et les autres non
leurs, c'est tout ce qu'on peut craindre, même d
la mauvaise saison, si l'on consent enfin à avoir s
des troupes. Dans le cas contraire, il faudrait peut-
y entretenir dix-huit mille hommes, pour disposed
neuf mille combattants; tant il est vrai que rien r
plus ruineux, en définitive, que les économies fa
au préjudice de la santé du soldat Il est inutile
rappeler que la milice croissante des colons éparg
rait bientôt les quatre mille combattants, consac
en attendant, à la garde de l'enceinte.

En argent, les sacrifices s'élèveront, je pense
14 ou 15 millions par an les deux premières anné
lorsqu'aux frais ordinaires d'entretien des troupes
à ceux d'administration, il faudra ajouter ceux
travaux d'enceinte, des routes, des desséchemen
et des secours aux colons. Toutes ces dépenses
croîtront ensuite, et finiront par se niveler en
d'années avec les recettes, qui s'accroîtront en r
son de l'augmentation de la population et du co
merce.

Quelque faibles, quelque momentanés que soi
ces sacrifices, encore faut-il qu'ils soient rache
par des avantages supérieurs. Ces avantages, je
vois dans l'influence que notre colonie nous donn
naturellement sur les peuplades africaines. Lorsq
les Arabes perdront l'espoir, et ils le perdront bi
vite à la suite de quelques tentatives infructueus
de franchir notre enceinte, ils finiront par laiss

tranquilles des voisins qui ne leur offrent aucune prise,
et ils retourneront à leurs habitudes anarchiques et
à leurs dissentions intestines. Alors, notre politique,
en contractant des alliances, en prenant le parti du
faible contre le fort, en le secourant de vivres, d'armes, de munitions, si ce n'est de nos troupes, réus-
sira aisément à nous procurer d'utiles amis. Les tribus
les plus faibles, obligées de fuir la poursuite des tribus
les plus fortes, viendront naturellement chercher secours, protection et refuge sous le feu de notre enceinte. Elles formeront autour de nous un cordon
d'alliés soumis, qui, toujours prêts à passer à notre
solde toutes les fois qu'il nous conviendra de les employer, augmenteront notre puissance.

Je vois d'autres avantages dans l'extension de notre
commerce et de notre agriculture. Toutefois ne nous
berçons pas à cet égard d'espérances exagérées. On
ne s'enrichit par le commerce qu'avec les riches ; or,
les populations africaines sont pauvres, et leur oisiveté les maintiendra dans la pauvreté. N'ayant presque rien à nous donner en échange de nos marchan-
dises, le commerce avec elles sera nécessairement
renfermé dans des limites assez étroites. Mais il s'éten-
dra avec les colons en raison des progrès de leur population et de leur industrie. En agriculture, l'olivier,
l'oranger, le mûrier, par l'abondance de leurs pro-
duits et la facilité de leur croissance, présenteront
sans doute de beaux bénéfices aux colons. Quant au
coton, plusieurs personnes espèrent l'y voir cultiver

en grand avec succès, quoique les chaleurs de
Mitidja soient fort tempérées par le voisinage des m
tagnes et de la mer. J'en accepte l'augure, ce se
une grande source de prospérités pour les colon
pour la France. Celle-ci, maîtresse des deux rives
beau lac qui unit l'Afrique à l'Europe par une na
gation facile, obtenant en abondance, dans l'une
l'autre partie du monde, la plupart des plantes ut
du globe, échangerait de l'une à l'autre les prod
du midi et ceux du nord.

Je vois encore un autre avantage dans la possessi
à notre porte, d'une terre fertile, où trouverait à
couler l'exubérance de population de quelques-u
de nos provinces, gage de tranquillité pour l'ave
de notre patrie.

L'utilité d'une station militaire sur les côtes d'A
que avait déjà frappé l'esprit clairvoyant de Louis X
Grâce à notre occupation, l'exécution de cet u
projet devient facile.

N'est-ce donc rien, enfin, que la gloire d'extir
à jamais des côtes africaines cette piraterie odieu
qui fit si longtemps la honte et la désolation des
tions chrétiennes?

Voilà ce que j'avais à dire du territoire d'Alger et
sa colonisation. Faut-il se restreindre, quant à p
sent, à ce coin de terre? Si je ne craignais de choq
l'opinion de la multitude, j'avoue franchement
je me déclarerais pour l'affirmative, avec la réser
toutefois, de conserver un ou deux bons ports u

taires sur la côte, pour suppléer au mauvais port d'Alger. Quoi, vous abandonneriez Constantine! Oui, Constatine et la province de ce nom, après avoir rasé la place. Voici mes motifs, que je prie d'écouter avant de condamner :

La guerre doit nourrir la guerre, disait Caton au sénat romain. Soyons moins exigeants, j'y consens, que ce vieux sénateur dont le bon sens paraîtra bien suranné à notre prodigalité moderne, et bornons-nous à demander que la paix nourrisse la paix; c'est bien le moins qu'on puisse exiger. Conserver à grands frais des conquêtes onéreuses en temps de paix, inutiles et même à charge en temps de guerre, serait, ce me semble, une complète duperie. Par exemple, je conçois, en Europe, que les Autrichiens conservent une partie de l'Italie; les contributions qu'ils en retirent, non-seulement défraient leur armée d'occupation, mais de plus enrichissent leur trésor. C'est d'ailleurs une belle position militaire dans le cas de favoriser leurs guerres futures. Si le contraire avait lieu et qu'ils s'obstinassent à garder l'Italie, n'est-il pas évident qu'ils s'affaibliraient en pure perte? et alors, qui de nous ne les accuserait de folie?

Tous les rapports nous apprennent que depuis la chute de Constantine, la portion de la province de ce nom que nous occupons est dans un état de paix tel qu'on peut l'espérer en Afrique, c'est-à-dire qu'on n'y a pas à combattre des tribus révoltées; que, sans être en paix avec Ahmet, sa fai-

blesse actuelle ne lui permet pas de nous faire
guerre; qu'on n'y est attaqué par aucune armée a
caine; qu'on voyage de Constantine à Sétif, à Stor:
Bone, sous une faible escorte; que les chefs ara
nommés par le général français, sont reconnus
tribus et obéissent à ses ordres. C'est réellement l'·
de paix, tel qu'il existait sous la domination tur·
et sous celle d Ahmet. Or, durant tout ce temps
paix a-t-elle nourri la paix? Consultons les états c
ciels des dépenses et des recettes en 1838. Les chiff
lorsqu'ils sont exacts, ont bien leur éloquence.
vois une dépense de 40,822,907 fr., pour toutes
possessions du nord de l'Afrique; je regrette que c·
dépense n'y soit pas divisée par province, pour mi·
connaître les sommes afférentes à la province
Constantine; cependant, comme je vois sur l'état
situation des troupes, que sur les 48,864 hommes
troupes régulières qui, en 1838 étaient en Afriq
16,085 étaient dans la province de Constantine; pr·
que toutes les dépenses étant causées par l'armée,
trouve d'après ces bases, près de 13,500,000 fr., som
qui doit représenter, à peu de chose près, no·
dépense pour l'occupation de la moitié de la p·
vince de Constantine. Quant à la recette, elle
mince; on ne la voit figurer au profit du trésor,
1838, que pour 2,078,998 fr. pour toutes nos poss
sions; encore cette faible somme n'est-elle po·
fournie par les indigènes; on a exempté les Maures
toute taxe, et l'impôt prélevé sur les tribus peut bi·

payer, je crois, le burnous d'investiture de leurs chefs ;
mais voilà tout. D'un côté recettes à peu près nulles,
le l'autre 13,500,000 fr. de dépenses; voilà la balance
dans un pays pacifié.

Je ne veux rien exagérer ; ainsi, je me hâte de re-
connaître que les premières années, les contributions
mal assises, dans un pays peu connu, peuvent ne pas
rapporter ce qu'elles rapporteront les années suivantes.
Consultons encore l'expérience; et voyons ce qu'Ahmet et les Turcs en retiraient. Ce n'est pas chose facile
que d'évaluer les revenus d'un ancien beylick; une
faible partie seulement se payait en argent, car les
Arabes ont peu d'argent. et le peu qu'ils en ont, ils
l'enterrent; la plus forte part se composait de denrées
et de troupeaux, prélevés sur les tribus à la pointe du
sabre, et des avanies faites aux marchands et à tous
ceux auxquels on soupçonnait quelques richesses.
L'impôt le plus important, celui qui se levait le plus
régulièrement, était la dîme des récoltes. Dans un re-
gistre trouvé à Alger, on voit que le produit de cet
impôt s'élevait à 500,000 fr. de notre monnaie pour
les provinces d'Alger et de Titteri. La province seule de
Constantine étant moins pauvre que ces deux provinces réunies, il devait s'élever plus haut dans cette
seule province. Une personne qui a été dans le cas de
prendre des informations à Constantine, sur les revenus de toutes espèces du bey Ahmet, les évalue à environ 2 millions de notre monnaie, tout compris.
C est beaucoup pour une province où les tribus arabes,

dans leur oisiveté vagabonde, ne produisent pre
rien, et où les Kabayles ont conservé leur indé
dance. Aussi pour obtenir ces 2 millions, que d'e
tions, que de cruautés! Le féroce Ahmet ne les e
quait qu'au prix de plusieurs centaines de têtes. P
mille fois renoncer à tout impôt, que d'avoir rec
à ces hideuses barbaries !

Peut-on évaluer à 3 ou 4 millions les revenu
toute nature des autres provinces? Je le crois. Ce
dant, il fallait payer et entretenir sept à huit
Turcs, neuf mille Coulouglis; aussi le Dey av
d'autres revenus; d'abord, l'impôt honteux qu'il
levait sur plusieurs nations chétiennes pour rach
piraterie; ensuite, la piraterie elle-même, qu'il c
çait toujours nonobstant l'impôt de rachat, sou
prétexte ou sous un autre. Et cependant, les Tur
surtout les Coulouglis vivaient dans un état mis
ble; un soldat turc coûtait moins que ne coût
soldat français.

Ainsi donc, la province de Constantine, la m
pauvre, la moins dépeuplée, la moins stérile et la m
sauvage des quatre provinces de la régence, nous c
beaucoup, et ne nous rend rien ou presque rien ;
serait-ce des autres ?

*Si le présent nous est contraire, dira-t-on, l'aveni
à nous, et nous dédommagera. Les Arabes, sous n
gouvernement paternel, vont s'attacher au sol, le c
ver, devenir laborieux, et cette contrée produira en
une fois d'abondantes récoltes. Je partagerais cet es*

s'ils étaient attachés à la glèbe, comme les Fellahs d'É-
gypte, ou s'ils étaient contraints de travailler sous le
fouet d'un maître, comme les esclaves des Romains.
Heureusement que rien de pareil ne peut exister chez
nous. Nos seuls moyens sont la persuasion et non la
contrainte. Les Arabes et les Kabayles se transforme-
ront-ils à notre voix en paysans laborieux, paisibles,
soumis? Ne nous repaissons pas de chimères, et osons
envisager la réalité des choses. Les charmes de la vie
pastorale, cette vie oisive mêlée d'aventures guerrières,
plaisent aux Arabes comme à tous les nomades; depuis les siècles les plus reculés, ce sont les mêmes
mœurs, les mêmes habitudes. Je dis plus, dans plusieurs parties de l'ancienne régence, la nature d'un
sol aride ne permet pas la vie sédentaire; les eaux
manquant dans un canton une partie de l'année, il
faut bien l'abandonner pour s'établir ailleurs. Les Kabayles de leur côté préfèrent leur sauvage indépendance à toutes les douceurs de la vie civilisée; indépendance que leur féroce courage, à l'aide de l'âpreté
de leurs montagnes, défend jusqu'à la mort. Enfin,
moins on a d'idées, plus on y tient, plus on [est en-
têté; or, les Africains ont peu d'idées. Et nous espé-
rons que des Français qui viennent s'établir chez eux
les armes à la main, avec une religion que leur fanatisme abhorre, des mœurs que leurs préjugés repous-
sent, des opinions et des habitudes diamétralement
opposées aux leurs, et un langage différent, vont les

transformer à leur gré en instruments dociles ∢
vail ! Qu'ils vont les refondre à leur image ! En ⸱
c'est se faire d'étranges illusions.

Il est évident que nous ne tirerons pas les ⸱
lentes populations africaines de leurs habitude⸱
ves et improductives, et par conséquent de⸱
pauvreté. Or, lorsqu'il n'y a rien à prendr⸱
a beau imposer de fortes contributions, rie⸱
rentre. On se rappelle sans doute que le go⸱
neur Savary avait taxé les villes de Blida et d⸱
léah à payer une contribution de 1,200,000 fr.
put-il faire rentrer à force de menaces d'inc⸱
et d'extermination? La valeur de 12,000 fr.; c'est
tivement tout ce que ces misérables villes pou⸱
fournir. Vouloir s'enrichir en levant des contribu⸱
sur les Arabes, c'est à peu près comme si l'⸱
américaine comptait enfler son trésor aux déper⸱
hordes sauvages qui entourent ses États. Si j⸱
nous retirons des peuplades de la régence les
millions qu'en extorquait la milice turque, ce ne⸱
à l'exemple des Turcs, qu'à la pointe de l'épé⸱
exerçant une cruelle tyrannie. Et cette épouvan⸱
tyrannie à laquelle échappaient cependant la pl⸱
des Kabayles en se faisant respecter dans leurs ⸱
montagnes, nous ne pourrions pas réussir co⸱
eux à l'exercer avec dix-sept mille hommes;
faudrait peut-être cent mille, à cause de la diffé⸱
des mœurs et de la religion, et je dirai de plus, ⸱

jui nous fait honneur, à cause de notre inhabileté et
le notre répugnance à employer des moyens violents
el cruels.

Passant à la question militaire, tout le monde comprendra qu'une station militaire, un port de refuge
sur les côtes d'Afrique, soit qu'on le forme sur quelque
point du golfe d'Oran, en suivant les anciennes traces
des Espagnols, soit plutôt qu'on exécute le projet de
Louis XIV, de l'établir vers Jigelli, prêterait une utile
assistance à nos escadres de la Méditerranée et sup-
pléerait à l'insuffisance du mauvais port d'Alger. Mais
tout le monde comprendra aussi que l'occupation de
l'intérieur de la régence serait loin d'accroître notre
puissance. Nous avons à présent cinquante-cinq mille
hommes en Afrique, pour occuper une moitié de la
province de Constantine, un petit territoire autour
d'Alger et sept points sur les côtes, car quarante-huit
mille hommes n'ont pas suffi à cette tâche; qui ne voit
que ce sont cinquante-cinq mille hommes dont notre
puissance militaire est diminuée en Europe? On
parle d'étendre notre occupation intérieure dans
les provinces d'Alger, d'Oran, peut-être de Titteri;
mais alors, la nécessité de venger des échecs inévitables dans cette guerre de surprise, contre un
ennemi vif, alerte, au milieu de contrées désertes,
souvent entremêlées de défilés difficiles, nous obligera
d'y envoyer, que sais-je? peut-être cent mille hommes.
Et voilà qu'aussitôt nous pèserons de cent mille

hommes et de cent millions par an de moins da

balances de la politique européenne.

C'est un grand mal déjà en temps de paix ; m

temps de guerre, le mal sera irréparable. A la pre

menace d'une guerre européenne, il nous faudra

ver d'Afrique la plus grande partie de ces cent

hommes ; car ils mourraient de faim sur cette te

misère où nous ne pourrions plus les ravitaille

mer et les nourrir de France comme d'habi

d'ailleurs , ils nous feraient faute en France ; de

bligation d'abandonner l'intérieur et de nous rest

dre à quelques points des côtes. Tout cet échafau

de conquêtes et d'occupations intérieures, fondé

sable d'Afrique, s'écroulerait donc à la première g

maritime. Et remarquons bien ceci; les Anglais

redoutables ennemis sur mer, seraient toujour

maîtres de le faire écrouler au moment où ils le

draient par une simple menace de guerre. Ainsi

vanouiraient les fruits attendus, et d'un milliard,

être , répandu en Afrique , à cent millions par a

des torrents de sang versés par nos braves sol

Les populations africaines , animées d'une nou

ardeur par cette retraite , nous deviendraient

hostiles encore, et nous serions moins avancés qu

jourd'hui.

J'ai entendu faire une réflexion sévère, dont ass

ment je ne me permettrai pas de faire l'application

voici : « L'habileté consiste à faire beaucoup avec

« mais lorsqu'on ne fait rien , ou qu'on ne fait que

« dé chose avec beaucoup, on s'affaiblit et on devient
« la risée des nations. »

Cependant, il faut nous venger du perfide Abd-el-
Kader ; j'en suis d'accord Formons une bonne division, aussi légère que possible, poursuivons ce bri-
gand jusqu'à ce que nous lui ayons enlevé ses trois ou
quatre mauvaises pièces d'artillerie, que nous ayons
dispersé ses deux ou trois détestables bataillons, et
que nous ayons pris et détruit ses ateliers et ses magasins à Tagdempt et autres lieux, si toutefois il a quelque
chose qui ressemble à des magasins et à des ateliers ;
ce sera chose facile ; mais lorsqu'il ne lui restera plus
rien de saisissable, arrêtons-nous un moment pour
considérer ce qu'il y a de mieux à faire.

Continuer à le poursuivre dans le désert ! C'est une
triste chose qu'un campement dans le désert, entre la
faim et la soif ; c'est une plus triste chose encore
qu'une marche dans le désert, à la poursuite de cavaliers agiles, sobres, infatigables, qui ne font ferme
nulle part ; qui voltigent sans cesse sur vos flancs et
vos derrières ; qui surprennent et égorgent les isolés,
les traînards, les malades ; qui tombent à l'improviste
sur les convois et les postes détachés ; qui vous attei-
gnent à la dérobée jusque dans les rangs, sans vous
donner prise sur eux, qui vous coupent l'eau et les
vivres, et qui finissent par vous faire perdre, soit par
les maladies, soit par le fer, dix hommes contre un.
Ce serait une assez pauvre manière de nous venger ;
et la fortune dût-elle nous favoriser d'un coup de dez

assez heureux pour nous délivrer d'Abd-el-Kader, ne
n'aurions nullement gain de cause ; car, l'hostilité
tribus ne tient pas à un homme, elle tient à le
mœurs et à leur fanatisme religieux. A un marab
rusé et belliqueux, succéderait, un peu plus t
un peu plus tard, un autre marabout rusé et b
liqueux.

Occuperons-nous ce petit nombre de villes, ou p
tôt de mauvais villages entourés d'un mur à moi
ruiné, dont la méprisable population maure et ju
n'a aucune influence sur les tribus des campagn
De deux choses l'une : ou nous n'y laisserions qu'u
petite garnison, qui, obligée de se renfermer dans
Casebah, comme le bataillon laissé à Tlemcen, n'a
rait aucune action sur la campagne, et bien peu su
ville ; et pourtant il faudrait de bien grosses colon
pour ravitailler de temps à autre ces inutiles peti
garnisons ; ou bien nous y laisserions de fortes gar
sons, capables de former des colonnes de plusie
milliers d'hommes, pour battre la campagne envir
nante, afin de brûler les moissons des Arabes et d'e
pêcher l'ensemencement des terres. Je vois deux i
convénients à ce dernier parti : d'abord, l'extrê
difficulté, je dirai même la presque impossibilité d'a
provisionner ces grosses garnisons, ou plutôt
camps retranchés de six à huit mille hommes, do
plusieurs seraient fort éloignés des côtes ; ensuite
grande quantité de troupes qu'il exigerait pour fai
des battues suffisantes dans de vastes contrées. J'

corde, au reste, qu'en ne reculant devant aucun sacrifice d'hommes et d'argent, il devienne possible. A quoi aboutira cette occupation d'extermination ? car, en définitive, c'est toujours là ce qu'il faut se demander pour limiter l'étendue des sacrifices aux résultats qu'on en attend. Les tribus voisines seront obligées de faire la paix : je l'espère ; mais personne n'est plus dupe d'un traité de paix fait avec un chef arabe ; il le tient tant que cela lui convient ; il le viole dès qu'il y trouve quelque intérêt ; en sorte que nous voilà peu avancés. Et les colons européens auraient grand tort de former des établissements, et de placer leur fortune et leur vie sous la sauvegardé de pareils traités. D'ailleurs, nous avons vu que, même dans le petit territoire d'Alger, gardé par une multitude de camps au sein de la paix, les déprédations des Arabes nuisaient à la colonisation. Espère-t-on tirer plus de contributions des Arabes en les empêchant d'ensemencer leurs terres ! En subsistera-t-on plus facilement soi-même ? Nous irions verser notre sang, prodiguer nos trésors pour produire quoi? la famine! Ne serait-ce pas payer un peu cher le stérile avantage de rendre un désert encore plus désert ?

La seule chose raisonnable, à mon sens, ce serait de laisser à ses déserts Abd-el-Kader, dépouillé de tout ce qui lui appartenait de saisissable, et par suite moins influent sur les tribus, et de revenir sur notre territoire d'Alger. Là, invulnérables, à l'abri de notre enceinte, nous obtiendrions bien plus facilement de la

politique que des armes , l'affaiblissement, si ce n'
la ruine de ce chef arabe , soit en attisant le feu
la discorde chez ses partisans, soit en lui créa
des rivaux sur d'autres points. Tout cela ne no
coûterait que de bien légers sacrifices, en saisissa
l'à-propos.

Ces raisonnements, je le crains, n'auront que p
d'autorité sur l'entraînement et les sympathies pop
laires. La multitude qui nous gouverne aime l'Afriqu
la gloire militaire lui sourit; elle attache de l'amou
propre et même une sorte d'honneur à la conqué
et à l'occupation de toute l'ancienne régence. Je c
une sorte d'honneur, pour marquer qu'il y en a
plusieurs sortes; le mot est élastique. Les uns att
chent de l'honneur à faire du bruit dans le monde
se précipitant aveuglément dans des aventures sa
fin et sans portée; les autres, au contraire, n'attache
de l'honneur qu'à l'accomplissement des seules entr
prises utiles à la patrie, et tâchent toujours de re
treindre l'étendue des sacrifices à la grandeur du bu
L'armée aussi aime l'Afrique : c'est tout simpl
l'Afrique est son seul champ de bataille au milieu
cette longue paix européenne ; c'est le seul théât
où elle puisse trouver de la gloire, et éprouver l'ém
tion des combats ; c'est la seule école où elle puis
former ses jeunes officiers les armes à la main. Il e
donc naturel qu'elle saisisse avidement cette occasic
unique, et qu'elle craigne de la voir lui échapper. Ur
opinion qui réunit en sa faveur et le peuple et l'a

mée est bien forte, ce n'est qu'avec le temps qu'elle cède aux froids calculs de la raison, et aux sévères leçons de l'expérience.

Je le vois à regret; au lieu de nous restreindre, il est fort à craindre que nous nous étendions encore plus. Nous nous étendrons sans le vouloir peut-être, presque sans nous en douter, par le simple entraînement du vainqueur à la poursuite du vaincu ; par ce sentiment qui nous porte à conserver des conquêtes chèrement achetées, et de joindre ainsi à la faute de les faire celle de les garder. Rien de plus rare que de savoir rétrograder volontairement ; il faut pour cela une puissance de calculs, et une force de raison dont peu de personnes sont douées.

Quoi qu'il en soit, il n'échappera à l'attention de personne que ce système de conquêtes et d'occupations éloignées, loin des côtes, s'il est suivi, sera heureux de trouver un noyau, un centre de colonisation et de civilisation à l'abri d'une enceinte. Ce sera pour lui un corps, un soutien, un point d'appui ; c'est beaucoup que nos troupes, au milieu de leurs expéditions aventureuses au sein du désert, où les surprises et les échecs peuvent être fréquents, trouvent un refuge, un asile, un réduit de sûreté, dont la population amie, laborieuse et riche, leur fournisse tout ce qui leur est utile pour se rétablir et se refaire. C'est beaucoup que l'armée trouve de quoi subsister en Afrique même ; qu'elle ait l'esprit en repos sur le sort de ses malades, de ses hôpitaux et de ses établissements de toutes

espèces. Et nous ne serons plus réduits à la triste
onéreuse nécessité d'aller chercher jusqu'aux îles E
léares un coin de terre tranquille où nos convalescer
puissent respirer et se rétablir en paix.

Ainsi, la colonisation, à l'abri d'une enceinte, ser
blerait devoir réunir les suffrages, et des partisans
l'occupation étendue puisqu'elle favorise ce systèm
et de ceux de l'occupation restreinte, puisqu'elle pe
met de se restreindre à un petit territoire auto
d'Alger. Cependant, je n'ose m'en flatter; je l'ai de
dit, il est si commode de ne pas examiner une id
qui paraîtra neuve, quoiqu'elle ne le soit pas, et
condamner ce qui sort de la règle commune, sans
donner la peine d'écouter.

Je me résume; on ne peut former de colonisation
Afrique, qu'en garantissant aux colons la sûreté cor
plète de leurs familles et de leurs propriétés; ils
peuvent trouver cette sûreté contre les déprédatio
et les ravages des Arabes, qu'à l'abri d'une ligne d
fensive continue; cette ligne, formée d'un mur fla
qué de tours, coûterait au plus 1,500,000 fr., pour e
ceindre du côté de terre les cent lieues carrées qui fo
ment le territoire actuel d'Alger. Sa garde et sa de
fense contre les partis arabes et kabayles, exigeraie
habituellement quatre mille combattants; il faudra
de plus, avoir un petit corps d'armée de cinq mil
combattants, à opposer aux armées africaines. Lor
que cette première enceinte serait peuplée, on form
rait, à l'appui de celle-ci, des enceintes avancées ve

l'ouest et vers l'est. Les troupes de conquêtes et d'occupation intérieures y trouveraient un vaste réduit de sûreté, précieux par ses ressources; mais l'occupation étendue est dangereuse, en ce qu'elle dégarnit la France de nombreuses troupes, et fonde à grands frais sur les sables d'Afrique, un échafaudage qui s'écroulerait à la première guerre maritime; elle est ruineuse, en ce qu'elle coûte beaucoup plus qu'on ne peut se promettre de retirer des misérables populations africaines. Il est donc prudent de borner nos efforts et nos sacrifices, quant à présent, à la colonisation d'un territoire fertile sur les côtes d'Afrique, et d'y ajouter seulement la construction d'un port militaire. Sachons replier nos voiles à propos, pour éviter de faire naufrage sur les rives africaines; sauf à les déployer derechef plus tard au souffle bienfaisant d'une civilisation naissante.

FIN.